Inhaltsverzeichnis

1. Vorwort

Zeit existiert nicht. Wirklicht nicht. Weder die Natur, noch das Universum kennt die Einheit Zeit – wir Menschen haben uns das selbst auferlegt um einen Abstand zwischen zwei Momenten zu messen. Eigentlich spielt es auch keine Rolle, ob ein Tag 24 Stunden, oder 1000 T-Einheiten oder 50 Quartz oder sonst eine Einheit hat, denn: egal wie wire s drehen und wenden, es bleibt eine Einheit, die wir uns selbst einzuteilen und zu nutzen haben. Gerade als Jungunternehmer, Selbständige Autorin, Mompreneur und Startupper kennen wir das Problem nur zu gut: zu wenig Zeit. Auch das ist allerdings ein Trugschluss. Wir alle haben "gleichviel Zeit", nämlich 1440 Minuten. Jeden Tag. Ob Einstein, Elon Musk, Angela Merkel oder Cristiano Ronaldo: 1440 Minuten und einen Teil davon brauchen wir für unseren Schlaf. Und nein, wir können dem Tag nicht mehr Minuten abtrotzen in dem wir weniger schlafen.

Ich möchte mit diesem Buch mit Halbwahrheiten und Legenden aufräumen. Es ist eine praktische Anleitung, Hinweise und Tipps die wirklich funktionieren, weil ich sie selbst ausprobiert und in meinen Alltag eingepflegt habe. Die effizientesten zwei seien hier bereits verraten: **Perfekte Wochenplanung und Fokuszeit**. Sie haben richtig gelesen: Planung und Fokus. Keine Tricks, kein überdiszipliniertes Gehabe, gesunder Menschenverstand in einer ständig aktiven, sich selbst überfordernden Welt.

Ich wünsche Ihnen beim lesen dieser Lektüre dass Sie einfache und übersichtliche Instrumente und Anleitungen erhalten. Viel Erfolg!

Man kann vergangene Zeit nicht mehr aufholen,

man kann es nur in der Zukunft besser machen.

Ashley Ormon

2. Wieso sich Zeit nicht managen lässt

Eines ist uns allen klar: Der Tag hat 24 Stunden und diese Konstante ist nicht variabel. Dementsprechend ist der Begriff Zeitmanagement eigentlich irreführend. Es ist nicht die Zeit an sich, die wir managen können, sondern eigentlich nur unseren Umgang mit dieser verfügbaren aber begrenzten Ressource. Ein Zeitmanager hat also lediglich gelernt, die verfügbare Zeit effektiv zu nutzen und managt sich und damit seine eigene Produktivität optimal. Die Frage, die sich somit stellt, lautet: Wie wirst Du zu einem guten Zeitmanager? Es gibt einige Strategien, die den erfolgreichen Umgang mit der zur Verfügung stehenden Zeit garantieren. Berücksichtigst Du diese, kannst du Dich selber gut organisieren und entsprechend produktiv arbeiten. Ein guter Zeitmanager weiss, dass er oder sie:

- klar definierte Ziele setzen und sich auf seine Prioritäten entsprechend fokussieren muss.
- für einen produktiven Workflow auf ein (zumindest zeitweise) störungsfreies Umfeld ankommt.

- Prokastrination überwunden werden kann mit kleinen Aufgaben.
- Monotasking bessere Ergebnisse im Bezug auf die Zeit/Nutzen-Last liefert.
- unnötiger Perfektionismus hinderlich ist.
- eine gute Balance zwischen Ruhe- und Arbeitsphasen gefunden werden muss.
- delegieren zur Produktivität gehört.
- Aufgaben gut strukturiert, besser erledigt werden können.

Sämtliche dieser Vorgehensweisen können erlernt werden. Hast Du die wesentliche Bedeutung jeder Position erkannt, wirst Du sie auch einfacher verinnerlichen und umsetzen können.

Zeit ist die längste Strecke zwischen zwei Orten.

Tennessee Williams

3. Was Du über Energie wissen musst

Dein Gehirn beansprucht 20% des Gesamtenergieverbrauchs. Das heisst, Du musst genug trinken, das Richtige essen, Pausen einlegen und Dich ausreichend bewegen. Exercise your health and exercise your brain - das Gehirn ist wie ein Muskel und braucht Impulse und Sauerstoff, genau wie Dein Bizeps. Es gilt also, die körperlichen Bedürfnisse in ausgewogenem Mass zu befriedigen, um die benötigte Energie für die optimale Leistungsfähigkeit des Gehirns abrufen zu können. Du solltest Dir bewusst machen, dass nicht nur der Faktor Zeit begrenzt ist, sondern auch unsere Energie. Fehlt es Dir an der benötigten Energie, kann die zur Verfügung stehende Zeit auch nicht bestmöglich genutzt werden.

Jeder Mensch hat einen eigenen Rhythmus und du solltest Dir Deinen bewusst machen. Lerne Dich und Deine persönlich produktivsten Phasen kennen. Erkunde genau, wann Du am effektivsten bist. Versuche Deinen Arbeitstag auf Deinen

Biorhythmus abzustimmen. Die meisten Menschen haben ihr Leistungshoch am frühen Vormittag. Das ist für sie also der ideale Zeitpunkt, um fokussiert an Aufgaben mit höchster Priorität zu arbeiten. Wenn Du hingegen erst am Nachmittag zur Bestform aufläufst, akzeptiere es und plane Deinen Arbeitsablauf entsprechend.

Denken Sie voraus. Lassen Sie nicht zu, dass

alltägliche Geschäfte die Planung vertreiben

Donald Rumsfeld

4. 1440 Minuten – jeden Tag

Lass uns eine einfache Rechnung machen: 1440 Minuten entsprechen 24 Stunden. Davon solltest Du Deinem Körper 8 Ruhestunden (durch mindestens sechs Stunden in der Nacht zzgl. Mittagsschlaf, Powernap etc.) garantieren. Verbleiben 16 Stunden. Du wirst schätzungsweise zwei Stunden für Deine Mahlzeiten (inkl. kleiner Kaffee-Pausen) benötigen. Eine Stunde brauchst Du - über den Tag verteilt - für gewisse Körperpflege im Bad. Es bleiben noch 13 Stunden. Jetzt kommt noch der Arbeitsweg in Abzug. Im günstigsten Fall nimmt der (für Hin- und Rückfahrt) lediglich eine Stunde in Anspruch. Schon sind wir nur noch bei 12 Stunden. Wenn Du jetzt davon acht Stunden arbeitest (oder sogar zehn Stunden einplanst), bleiben Dir zwischen 2 und 4 Stunden für Deine Familie, Freunde, Vereine und für Dich selbst. Du musst zugeben, dass das hart und eher unrealistisch klingt. Denn wir wissen, Du brauchst wenigstens eine Stunde für Kleinigkeiten wie Kaffee besorgen, Tickets lösen, SMS checken und dem all gegenwärtigen Social Media. Wie soll dass nun noch aufgehen? Ganz einfach: Du planst nur 4 Stunden realistische Arbeitszeit pro Tag fix ein. "Vier Stunden?" wirst Du nun erstaunt sagen. "Aber ich habe doch eine 38 (oder 42, 48, 60) Stunden Woche?" Das mag laut Arbeitsvertrag auch korrekt sein. Wirklich produktiv sind allerdings nur die wenigsten Berufstätigen an wirklich 8 Stunden pro Tag. Selbst Chirurgen, Fluglotsen oder Akkordmaurer können keine 8 Stunden am Stück/täglich voll produktiv sein. Natürlich müssen wir präsent sein, hochkonzentriert selbstverständlich, fehlerfrei sowieso, aber sind wir dabei kontinuierlich produktiv? Schaffen oder erschaffen wir permanent in der festgeschriebenen Arbeitszeit etwas? Die ehrliche Antwort lautet: Nein! Akzeptiere diese Tatsache und nutze dieses Wissen, um die tatsachliche Produktionsphase des Tages gezielt zu nutzen.

Leidenschaft ist Energie. Spüren Sie die Kraft,

welche von einer starken Fokussierung auf das was

sie interessiert kommt.

Oprah Winfrey

5. Fokus finden, Ziele haben

Du brauchst ein Tagesziel und musst hierfür die Prioritäten klar definieren. Setze Dir nicht mehr als 3 Aufgaben. Das ist eine realistische Vorgabe und das Erreichen dieser persönlichen Vorgaben motiviert. Es existieren drei Ansätze, die Dir bei der Zielfestlegung und dem notwendigen Fokus hierauf helfen:

Punkt 1: Die Not-To-Do-Liste

Wiederkehrende Faktoren, die dem Erreichen des definierten Tagesziels im Wege stehen, werden häufig unterschätzt. Verdeutliche Dir, dass beispielsweise soziale Netzwerke und Mails nicht permanent im Blickpunkt stehen müssen. Reguliere diese Zugriffe, um an deinem Tagesziel zu arbeiten! Diese Vorgehensweise wird Slow-E-Mail-Bewegung genannt und wer ihr konsequent folgt, öffnet seine Post nur noch zweimal täglich und hört auch die Mailbox nicht öfter ab.

Punkt 2: Getting Things Done

Elementare Aufgaben, die schnell erledigt werden können (wie kurze Bestätigungen per Mail) solltest Du niemals aufschieben. Erledige derartige Dinge grundsätzlich ohne Aufschub. Sie sind damit vom Tisch und werden Deine Aufmerksamkeit nicht erneut in Anspruch nehmen.

Punkt 3: Eisenhower-Prinzip

Nach dem Eisenhower-Prinzip werden sämtliche anstehenden Aufgaben im Bezug auf Dringlichkeit und Belang eingestuft. Daraus ergibt sich für Dich eine klare Zielsetzung und Entlastung, denn Dinge die weder wichtig, noch dringend sind, gehören sofort entsorgt. Entscheidend sind die Aufgaben, die dringend und wichtig sind. Das sind die Prioritäten für Deine Tagesziele!

Verbleiben nun noch Projekte die entweder

- dringend, aber nicht wichtig

- wichtig, aber nicht dringend

sind. Erstere nach Möglichkeit sofort delegieren. Die zweite

Variante solltest Du terminieren und erst nach Erledigung der

aktuell primär gesetzten Ziele in Angriff nehmen.

Doch Achtung: Diese Werkzeuge helfen Dir nur, wenn du Dich

nicht in stundenlanger Sortierung ergehst und diese

Arbeitsweise für Dich zur Selbstverständlichkeit geworden und

entsprechend ohne eigenen grossen Zeitaufwand erfolgt. Doch

keine Sorge, Du kannst sie schnell verinnerlichen, wenn Du dir

das Prinzip erst bewusst gemacht hast.

Zeit ist das was wir am meisten wollen,

aber am schlechtesten verbringen.

William Penn

6. Parkinsons Gesetz

Jede Aufgabe braucht soviel Zeit wie man ihr gibt. Abgesehen von Chirurgen oder Feuerwehrfrauen- und Männern: bei uns Wissensarbeitern ist es immer dasselbe. Habe ich 30 Tage Zeit für eine Aufgabe, brauche ich 30 Tage, bzw 29.5 Tage mach ich nichts, und dann alles in einem halben Tag. Dasselbe gilt, wenn ich eine dringende Deadline habe: muss etwas bis 12Uhr bei einer Redaktion sein, werde ich es schaffen.

Cyril Northcote Parkinson untersuchte in der ersten Hälfte des 20. Jahrhunderts die Britische Verwaltung und kam zu dem überraschenden Ergebnis, dass jede Aufgabe soviel Zeit braucht, wie man ihr gibt. Er fasste es mit folgenden Worten zusammen: "Work expands so as to fill the time available for its completion".

Bei uns Wissensarbeitern taucht ein Phänomen tatsächlich immer wieder auf: Existiert für eine Aufgabe ein Zeitfenster von 30 Tagen, werden diese auch komplett benötigt. Im

Zweifelsfall passiert an 29,5 Tagen nichts, um dann für einen gestiegenen Stresslevel zu sorgen, weil alles in einem halben Tag fertig werden muss. Arbeitszeit und Arbeitsoutput müssen demnach nicht zwingend etwas miteinander zu tun haben und bei einem zu grossem Zeitrahmen neigen wir dazu, die Angelegenheit schleifen zu lassen und (was noch viel bedenklicher ist!) der Aufgabe zuviel Aufmerksamkeit zu widmen. Sei es, weil eigentlich unwesentliche Details zu akribisch betrachtet werden oder das gesamte Projekt mit übersteigertem Perfektionismus angegangen wird und dann tatsächlich die volle Zeitspanne in Anspruch nimmt. Deshalb solltest du darauf achten, dass du Dich bei grosszügigen Deadlines nicht in unwesentliche Aspekte verstricken lässt und dich - wegen der grosszügigen Zeitvorgabe - nicht zu einem eventuell unnötigen "Meisterwerk" verleiten lässt. Hilfreich ist es, den Vorgang eigenständig kürzer zu terminieren. Entweder die Wiedervorlage zeitnah vor die gesetzte Frist legen oder das Projekt mit einer persönlichen Deadline versehen und erst für die Abgabe wieder hervor holen. Lass also nicht zu, dass du

Deine kostbare Arbeitszeit ansonsten unnötig verschenkst.

Der effizienteste Weg, vernünftig zu leben, ist

jeden Tag einen Plan zu machen und jede

Nacht die erzielten Ergebnisse zu untersuchen.

Alexis Carrel

7. Anfangen und dran bleiben

Ein chinesisches Sprichwort sagt: "Auch die längste Reise beginnt mit einem einzelnen Schritt". Komplexe Aufgaben schrecken ab und häufig wird der Beginn wiederholt aufgeschoben. Es hilft Dir, ein derartiges Projekt in kleine Unteraufgaben zu teilen. Schreib sie auf Post-its und hänge sie in entsprechender Reihenfolge auf, dann fällt es Dir leichter, diese nach und nach abzuarbeiten. Es ist vergleichbar mit dem physikalischen Gesetz der Trägheit, wonach es deutlich einfacher ist einen schweren Körper in Fahrt zu halten, wenn er erst einmal in Bewegung ist.

Es ist wichtig, dabei organisiert zu bleiben. Hast du Dir einen Überblick verschafft und die Aufgabe zerlegt, konserviere den festgehaltenen Zustand und arbeite die Teilstücke in der überlegten Reihenfolge ab. Ändere diese Reihenfolge nur noch, wenn es sich nicht vermeiden lässt (beispielsweise weil die ursprüngliche Reihenfolge einen Logikfehler beinhaltet) und nicht wegen einer persönlichen Vorliebe.

Unterbrechungen solltest Du unbedingt vermeiden. Um produktiv an den primären Aufgaben arbeiten zu können, sei offline im Bezug auf Mails und Telefonaten. Deklariere einen ungestörten Zeitrahmen, um Deine ungeteilte Konzentration zu nutzen und informiere entsprechend über deinen "Brain Power Zeitslot". Im Zweifelsfall hilft ein kleines Schildchen an der Tür mit der Aufschrift: Bin im Workflow. Nur im Notfall stören!

Starte wo immer du auch bist, mit dem was du hast.

Jim Rohm

8. Compound Effekt gegen Prokastrination

Unter Prokastrination versteht man das Aufschieben eigentlich wichtiger Aufgaben. Es ist natürlich, dass der Mensch unliebsame Arbeiten - mehr oder weniger - bewusst nicht sofort in Angriff nimmt. Die negativen Auswirkungen sind uns dabei bekannt. Wir verspüren Stress, wenn die Deadline immer näher rückt und zudem hat unser Verhalten einen hinderlichen Einfluss auf andere Arbeiten, weil das aufgeschobene Projekt uns störend im "Hinterkopf" verbleibt und uns daran hindert, der begonnenen und derzeit bevorzugten Arbeit die ungeteilte Aufmerksamkeit zu schenken.

Es gibt eine so genannte 72-Stunden-Regel, wonach Du innerhalb von 72 Stunden mit dem anfangen musst, was Du Dir vorgenommen hast. Beginnst Du in dieser Zeitspanne nicht mit der Arbeit an diesem Projekt, sinkt die Wahrscheinlichkeit überhaupt zu beginnen, auf gerade einmal ein Prozent!

Es gibt einige Hilfen, um das Verhalten der Prokastrination künftig zu meiden:

Tipp 1

Unangenehmes grundsätzlich zuerst erledigen. Der Rest des Tages bleibt somit frei von Gedanken an die noch bevorstehende und nicht präferierte Aufgabe.

Tipp 2

Unter Umständen kann Teamarbeit an einer Aufgabe sinnvoll sein und ein gewisser sozialer Druck ist oft ausgesprochen hilfreich.

Tipp 3

Eine feste Zeitschiene für die Aufgabe festlegen und für ein störungsfreies Arbeiten sorgen, damit keine (vielleicht willkommenen) Ablenkung auftreten kann.

Tipp 4

Plane die Bearbeitung ganz konkret und halte dich an diesen Ablauf, um nicht abzuschweifen oder erneut bestimmte Faktoren nicht sofort zu erledigen.

Tipp 5

Handelt es sich um eine grössere Aufgabe, helfen persönlich definierte Tagesziele oder einzelne Zwischenschritte. Das jeweilige Erreichen einzelner Etappen motiviert und hilft mit neuem Elan das nächste Teilstück anzugehen.

Tipp 6

Belohne dich selbst für die sofortige Erledigung einer unliebsamen Aufgabe (oder der abgeschlossenen Etappe) mit einer Zwischenmahlzeit oder einem Spaziergang. Wer hart arbeitet, verdient auch Honorierung. Die kannst Du Dir einfach persönlich gewähren.

Prokrastination ist zumeist eine Gewohnheit und Du musst Dir Dein Verhalten bewusst machen, um diese Verhaltensweise zu erkennen und gegen zu steuern. Dazu benötigst du etwas Selbstdisziplin. Es kann hilfreich sein, wenn Du Dir vor Augen führst, welche Aufgaben Du in der Regel vertagst und weshalb eigentlich. Dann betrachte die Konsequenzen, die dieses Vorgehen in der Regel für dich hat und hinterfrage deine bisherige Argumentation für diese Vorgehensweise. Wer der Falle der Prokrastination entkommt, ist automatisch ein guter Zeitmanager!

Gewöhnliche Menschen überlegen nur,

wie sie ihre Zeit verbringen.

Ein intelligenter Mensch versucht, sie auszunutzen.

Arthur Schopenhauer

9. Vergiss Multitasking

Unser Gehirn kann das einfach nicht. Multitasking kommt aus der PC Welt, wobei der Begriff "missleading" in die Irre führt. Denn selbst ein Computer wechselt zwischen einzelnen Aufgaben hin und her - nur in einer sehr hohen Geschwindigkeit. Dementsprechend ist effektives Multitasking im Bereich von Zeitmanagement am Arbeitsplatz definitiv ein Mythos. Bedenke, dass ein Gehirn bereits 20 Prozent der Körperenergie allein im Ruhezustand verbraucht. Bei voller Belastung (Denksportaufgaben) sind es schnell bis zu 50 Prozent. Ein permanentes Pendeln zwischen verschiedenen, anspruchsvollen Nutzungen kostet Dich also eindeutig zu viel Energie. Natürlich kann die Konzentration wie ein Muskel trainiert werden, doch eine Nutzung unter voller Anspannung strengt einfach zu sehr an. Arbeitspsychologen haben längst belegt, dass die Euphorie über diese Arbeitsmethode völlig fehl am Platz ist. Laut ihren Studien, bleiben von einer Stunde (im Multitasking-Modus) lediglich gut 20 Minuten effektive Arbeitszeit über. Also ein eindeutiges Plädoyer für Monotasking. Nutze deine Ressourcen

gezielt und überlegt.

10.   25 Tools und Tipps

Folgende Punkte helfen Dir auf dem Weg, ein guter Zeitmanager zu werden. Betrachte Sie eingehend und hinterfrage, ob Du jedem Hinweis bislang die nötige Beachtung geschenkt hast. Wenn Du lernst, sämtlichen Vorschlägen konsequent zu folgen, wird dein Zeitmanagement erfolgreich funktionieren.

01. Setze Prioritäten.

02. Nutze die Eisenhower-Methode.

03. Plane Tag und Woche überlegt.

04. Sei nicht permanent online.

05. Achte auf ausgewogene Work-Life-Balance.

06. Beachte deinen Bio-Rhythmus.

07. Achte auf einen aufgeräumten und strukturierten Arbeitsplatz.

08. Vernachlässige nicht deinen Körper.

09. Vermeide Unterbrechungen im Workflow.

10. Lerne zu delegieren.

11. Prokastriniere nicht.

12. Elemeniere Zeitfresser.

13. Gönne Dir regelmässige Pausen.

14. Erledige Unangenehmes immer zuerst.

15. Schaffe Dir Routinen.

16. Strukturiere Deinen Tagesablauf.

17. Reserviere täglich Zeit für Dich persönlich.

18. Profitiere von sinnvoller Teamarbeit.

19. Trenne Dich vom Gedanken der permanenten Perfektion.

20. Zerlege und plane grosse Aufgaben in einzelne Etappen.

21. Fokussiere Dich auf die aktuelle Aufgabe.

22. Gebe dem Monotasking den Vorzug.

23. Denke an das Parkinsonsche Gesetz.

24. Belohne Dich selbst für Deine Erfolge.

25. Vergiss nicht: Du kannst nicht die Zeit an sich, sondern nur

Dich selber managen!

11. 10 Bonustipps

Damit Du morgen gleich loslegen kannst, hier meine 10 Gebote für mein Zeitmanagement jeden Tag.

1. Die perfekte Woche planen

2. Nur 2x täglich E-Mails prüfen

3. Zero Inbox jeden Abend

4. Täglich 2 Stunden für Dich reservieren (5 bis 7 oder von 21 – 23Uhr zB)

5. 45' arbeiten, 15' Pause machen: Fokus Zeit, Pomodoro Technik

6. Fixe Blöcke einplanen, inkl. Training

7. Repetition: gewöhne Dich an eine Struktur

8. Meetings ganz früh Morgens oder von 4 – 5Uhr, dann ins Fitness

9. Standings statt Sitzungen mit rotierender Leitung und Verantwortung

10. Fang einfach an, egal mit was

12. Checkliste um jetzt anzufangen

Nimm Dir etwas Zeit und stelle deine Arbeitsweise um.

Partizipiere von einem guten Zeitmanagement. Der folgende

kurze Leitfaden soll Dir eine Starthilfe sein und es Dir

ermöglichen, die neuen Erkenntnisse zeitnah umzusetzen:

1. Du hast Deinen Arbeitsplatz aufgeräumt und klar
   strukturiert.

2. Mails und Sprachnachrichten terminierst Du nun 2x
   täglich für Empfang und die Erledigung sofortiger
   Rückmeldungen.

3. Deine persönlichen Zeitfresser hast Du ermittelt und
   schaltest sie aus.

4. Für tägliche Arbeiten entwickelst Du eine gleichbleibende
   Routine.

5. Du hast Deine Online-Zeiten analysiert und benutzt die
   sozialen Netzwerke nun bedachter.

Der Einstieg ist geschafft. Denke nun an Monotasking, arbeite mit dem Eisenhower-Prinzip, vermeide bewusst das Prokastrinieren und erledige Unangenehmes sofort. Fokussiere Dich auf die von Dir erkannten Prioritäten und schaffe Dir Zeiten, an denen Du Deine produktivsten Zeiten wirklich ungestört nutzen kannst. Vergiss Deine persönlichen Bedürfnisse nicht und schau Dir gelegentlich die zuvor genannten Tools und Tipps erneut an. Vielleicht solltest Du Dir in der Phase der Umstellung einige Schlagwörter mittels Post-it an den Bildschirm heften, um nicht in alte Gewohnheiten zu verfallen. Sei ein effektiver Zeitmanager!

13.   Über den Autor

Roger Basler ist Betriebsökonom FH und Unternehmens-Architekt. Er ist Referent und Autor seit mehreren Jahren und bekannt für innovative Geschäftsmodelle. Als Digital Native mit einer Vorliebe für Sprachen und fremde Länder war er lange als Berater im Ausland (u.a China, USA, Naher Osten sowie Nordeuropa) tätig. In seiner Funktion als Unternehmens-Architekt steht er etablierten Unternehmen und Startups in der Schweiz, Deutschland und Österrech in den Bereichen Business-Development, Digitales Marketing und e-Commerce als Investor und unternehmerisch beteiligter Berater zur Seite.

14.   Buchempfehlung

Ich freue mich, wenn Ihnen mein Buch gefallen hat und möchte Ihnen an dieser Stelle ein Werk empfehlen, welches mich persönlich sehr inspiriert hat:

THE ONE THING

The Surprisingly Simple Truth Behind Extraordinary Results

ist die Nummer 1 der US Bestseller. Es geht in diesem Buch darum, wie man durch Bündelung seiner Energien auf ein Ziel sehr Grosses erreichen kann. Das persönliche "ONE Thing" – die eine, im Moment wichtigste, Sache – finden, sich für eine bestimmte Zeit ganz darauf konzentrieren, und so effektiver seine Ziele (privat oder beruflich) erreichen. Also eine Anwendung des Pareto-Prinzips: Nicht nur die 20% suchen, die 80% des Erfolgs ausmachen, sondern wirklich nur eine einzige

Sache! Das ist leichter gesagt als getan, aber wie es gehen kann, erklären Gary Keller und Jay Papasan.

Buch auf Amazon: <u>The One Thing</u>:

15.   Haftungssausschluss

Verantwortung sowie Haftung in irgendeiner Form für

fehlerhafte Angaben und daraus entstandenen Folgen vom.

Autor übernommen werden. Für die Inhalte von den in diesem

Buch abgedruckten Internetseiten sind ausschliesslich die

Betreiber der jeweiligen Internetseiten verantwortlich.

1. Auflage 2016

Autor, Herausgeber, Redaktion, Satz, Gestaltung (inkl.

Umschlaggestaltung), Texte, Bilder, Titelbild: Roger Basler

www.ingramcontent.com/pod-product-compliance
Lightning Source LLC
Chambersburg PA
CBHW070339190526
45169CB00005B/1967